VENTE A PARIS

Le Mercredi 15 Février 1911

HOTEL DROUOT, SALLE N° 8

Monnaies Antiques

MONNAIES FÉODALES

MONNAIES ET MÉDAILLES DES PAPES

MÉDAILLES, JETONS

COMMISSAIRE-PRISEUR :	EXPERT :
Me ÉMILE BOUDIN	M. ETIENNE BOURGEY
14, RUE DE LA GRANGE-BATELIÈRE	7, RUE DROUOT, 7

PARIS

ADRESSE TÉLÉGR. ÉTIENBOURG-PARIS

Monnaies Antiques

MONNAIES FÉODALES

MONNAIES ET MÉDAILLES DE PAPES

MÉDAILLES, JETONS

VENTE AUX ENCHÈRES PUBLIQUES

A PARIS, HÔTEL DES COMMISSAIRES-PRISEURS, RUE DROUOT, 9

SALLE N° 8, AU PREMIER ÉTAGE

Le Mercredi 15 Février 1911

A DEUX HEURES PRÉCISES

EXPOSITION PUBLIQUE UNE HEURE AVANT LA VENTE

COMMISSAIRE-PRISEUR :	EXPERT :
Me EMILE BOUDIN	M. ETIENNE BOURGEY
14, Rue de la Grange-Batelière	*7, rue Drouot, 7*

PARIS

ADRESSE TÉLÉGR.: ÉTIENBOURG-PARIS

Exposition particulière :

Les 8, 9, 10, 11, 13 et 14 Février 1911, chez M. Etienne Bourgey, expert, 7, rue Drouot. (Téléphone 274-64).

Exposition publique :

Le Mercredi 15 Février 1911, Hôtel des Ventes, Salle 8, une heure avant la vente.

La vente aura lieu au comptant.

Les acquéreurs paieront dix pour cent en sus des enchères.

L'authenticité des pièces est garantie.

M. Etienne Bourgey, 7, rue Drouot, se charge d'exécuter les commissions qui lui seront confiées.

L'ordre du catalogue sera suivi. L'expert se réserve le droit de diviser ou de réunir les lots.

MONNAIES ANTIQUES

1 **Alliba**. Diobole. Arg. **Teanum**. Didr. Arg. et Br. 2 p. **Laïos**. Statère. **Motya**. Obole. **Panticapée**. Tétrobole. **Callatia**. Drachme. Arg. — Ens. 7 p. B.

2 **Phalanna**. Tête nue, imberbe à dr. dans un grènetis. ℞. ΦΑΛΑΝΝΑΙΩΝ. Cheval allant à dr. Drachme. Arg. B.

3 **Apollonia**. ΦΙΛΩΝΟΣ. Tête laurée d'Apollon à g. ℞. ΑΠΟΛΛΟΝΙΑΤΑΝ. Trois filles dansant autour d'un feu ; dessous, ΑΜΙΑΝΤΟΣ· ΣΩΣΙΛΟΚΟΥ. Drachme. Arg. TB.

4 **Ambracie**. Didr. **Alyzia**. Didr. **Leucas**. Statère. **Delphes**. Diobole. Arg. — Ens. 4 p. B.

5 **Thèbes**. Didr. **Thespies**. Obole. **Stymphale**. Obole. Arg. — Ens. 3 p. B. et TB.

6 **Elis**. Tête d'aigle à g. ℞. FA. Foudre ailé dans une couronne. Didr. Arg. B.

7 **Itanos** Tête casquée d'Athéna à g. ℞. ΙΤΑΝΙΩΝ. Aigle à g., se retournant vers un triton, dans un carré incus. Drachme. Arg. TB.

8 **Cromna**. Tétrobole. **Lampsaque**. Drachme et Hémidr. 2 p. **Parium**. Hémidr. **Pergame**. Cistophore. **Milet**. Drachme. Arg. — Ens. 6 p. B.

9 **Rhodes**. Tête d'Hélios de face. ℞. ΡΟΔΙΟΝ ΑΜΕΙΝΙΑΣ. Fleur de balaustium avec tige à dr.; à g., une proue. Tétradr. Arg. TB.

10 **Camiros**. Feuille de figuier avec des Ψ entre les lobes. ℞. Carré incus avec 2 compartiments oblongs. Statère. Arg. B.

11 **Masicytes.** Lyre dans un carré. Hémidr. **Sidé.** ΚΛΕΥΧ. Niké à g. Tétradr. Arg. — Ens. 2 p. B.

12 **Selgé.** Statère. **Citium.** Héraclès tirant de l'arc à dr. ℞. Lion dévorant un cerf dans un carré incus. Statère. Arg. — Ens. 2 p. Br. La première B.

13 **Sidon.** Tête voilée et tourelée de Tyché à dr. ℞. ΣΙΔΩΝΟΣ ΤΗΣ ΙΕΡΑΣ ΚΑΙ ΑΣΥΛΟΥ. Aigle à g. et LHM (an 48). Tétradr. Arg. TB.

14 **Tripolis.** Bustes laurés des Dioscures à dr. ℞. ΤΡΙΠΟΛΙΤΩΝ ΤΗΣ ΙΕΡΑΣ ΚΑΙ ΑΥΤοΝΟ. Tyché debout à g., dans une couronne de laurier. Tétradr. Arg. TB.

15 **Tyr.** Melkart tirant de l'arc, à cheval sur un hippocampe ailé. ℞. Chouette; dans le champ ΙΙΙΟ (an 33). Didr. Arg. TB.

16 **Barcé.** ΒΑΡ. Tête d'Ammon à dr. ℞. Silphium. Tétradr. Arg. TB.

17 **Mauritanie.** *Juba II.* Drachme. Arg. **Antioche.** *Othon.* GB. **Segbriga.** Denier celtibérien. Arg. — Ens. 3 p. B. et TB.

18 **Carnutes.** Tête imberbe à g. avec un astre à 4 rayons sur la joue. ℞. Aigle à g.; dessus, un croissant. (Muret 6074). Demi-statère. Or. B.

19 **République romaine.** *Aburia.* Quadrans (B. 7). *Aemilia.* As (1). *Atilia.* As (10). *Aurelia.* Sextans (15). *Caecilia.* As (8). *Calpurnia.* As (18). 2 p. — Semis (19). Br. — Ens. 8 p. AB. et B.

20 *Clovia.* As (1 et 6). 2 p. *Curiatia.* Semis (7). 2 p. *Fabrinia.* Triens (2) Br. — Ens. 5 p. AB. et B.

21 *Gargilia.* As (7). *Matia.* As (4). — Triens (6). *Naevia.* As (1). *Pompeia.* As (20). Br. — Ens. 5 p. AB. et B.

22 **Empire romain.** *J. César.* CAESAR. DIC. TER. Buste de la Victoire à dr. ℞ C. CLOVI. PRAEF. Pallas à g. (C. 7). MB. B.

23 *Auguste.* Monétaires : Asinia (368). Gallia (436). Maecilia (448). Nonia (474). Plotia (502). Salvia (515). MB. — Ens. 6 p. AB. et B.

24 Aelia (340). Apronia (353). Asinia (372). Betiliena (376). — Autel de Lyon (238). PB. — Ens. 5 p. B. et TB.

25 *Livie.* S. P. Q. R. IVLIAE. AVGVST. Carpentum attelé de 2 mules à dr. ℞. TI. CAESAR., etc., autour de S. C. (6). GB. AB.

26 *Tibère.* Temple d'Auguste, octostyle. ℞. TI. CAESAR., etc., autour de S. C. (70). GB. AB. Rare.

27 *Antonia.* Tête à dr. (6). *Germanicus.* Quadrige (7). — Tête à dr. (9). MB. — Ens. 3 p. AB. et B.

28 *Agrippine mère*. Buste à dr. ℞. TI. CLAVDIVS., etc., autour de S. C. (3). GB. B.

29 *Agrippine mère et Caligula*. AGRIPPINA. MAT. C. CAES. AVG. GERM. Buste à dr. ℞. C. CAESAR. AVG. GERM. P. M. TR. POT. Tête laurée à dr. (1). Or. B.

30 *Néron*. NERO. CAESAR. Tête laurée à dr. ℞. AVGVSTVS. GERMANICVS. Néron radié debout de face, tenant une branche de laurier et une Victoire (44). Or. TB.

31 Tête laurée à g. ℞. ROMA. S. C. Rome nicéphore assise à g. (262). GB. TB.

32 *Galba*. SER. GALBA. IMP. CAESAR. AVG. P. M. TR. P. Tête laurée à dr. ℞. CONCORDIA. PROVINCIARVM. La Concorde debout à g. tenant une branche d'olivier et une corne d'abondance (37). Or. B.

33 IMP. SER. GALBA. CAESAR. AVG. TR. P. Tête laurée à dr. ℞. CONCORD. AVG. S. C. La Concorde assise à g. (24). GB. B.

34 *Vitellius*. A. VITELLIVS. GERM. IMP. AVG. P. M. TR. P. Buste à dr. ℞. L. VITELLIVS. COS. III. CENSOR. Vitellius père assis à g. (54). Or. AB.

35 *Vespasien*. IMP. CAESAR VESPASIANVS. AVG. Tête laurée à dr. ℞. FORTVNA. AVGVST. La Fortune debout à g. sur un autel, tenant un gouvernail et une corne d'abondance (172). Or. B.

36 La Judée captive. MB. — Rome nicéphore debout à g. (418). GB. — Ens. 2 p. B.

37 *Domitien*. Germain à genoux devant l'empereur (489). GB. — Armes germaines (538). MB. — Ens. 2 p. B.

38 *Nerva*. Palmier (57). GB. — La Fortune debout (61). MB. *Trajan*. La Justice assise à g. (611). GB. — Ens. 3 p. AB. et B.

39 Victoire à g. (628). *Adrien*. L'Allégresse (820). *Sabine*. La Concorde assise à g. (19 var.). *Antonin*. La Piété (627). *Faustine mère*. Vesta sacrifiant à g. (162). MB. — Ens. 5 p. B.

40 *Marc-Aurèle*. Victoire parthique (810). *Faustine jeune*. Vénus (283). GB. — La Santé assise à g., nourrissant un serpent (201). MB. — Ens. 3 p. B.

41 *Vérus*. Quadrige d'éléphants (53). *Commode*. Un congiaire (293). — La Providence (622). GB. — Ens. 3 p. AB. et B.

42 *Crispine*. L'Allégresse debout (19). *Albin*. La Félicité debout (16). GB. — Ens. 2 p. AB. et B.

43 *Dide Julien*. Tête laurée à dr. ℞. La Fortune debout à g. (12). GB. AB. Rare.

44 *Alexandre Sévère*. Jupiter tonnant (100). MB. — Le Soleil marchant à g. (449). GB. — Ens. 2 p. B.

45 *Mamée*. La Félicité debout (21). GB. *Postume*. Vaisseau à g. (167). Bill. *Fausta*. Etoile dans une couronne (25). PB. Rare. — Ens 3 p. TB.

46 *Constantin I*. CONSTANTINVS. AVG. Buste cuirassé à dr. avec casque lauré. ℟. VICTORIAE. LAETAE. PRINC. PERP. Deux Victoires tenant un bouclier avec VOT. X. sur un cippe (641). Or, petit module. Beau.

47 **Lot de GB**. Auguste. Néron Drusus. Néron. Galba. Vespasien. Domitien. Trajan. Adrien. Sabine. Ælius. Antonin. Faustine mère. M.-Aurèle. Faustine jeune. Vérus. Lucille. Commode. S. Sévère. Domna. Caracalla. Macrin. Maesa. Alexandre. Mamée. Maximin. Maxime. Balbin. Gordien Pie. Philippe père. Otacilie. Philippe fils. Décius. Etruscille. — Ens. 44 p. AB. et B.

MONNAIES FÉODALES (1)

---

48 **Bretagne**. *Conan III*. Denier. *Anonyme*. Denier de Nantes. *Jean II*. Denier de S.-Brieuc. *Jean IV*. Demi-gros. Bill. — Ens. 4 p. B. et TB.

49 *Charles de Blois*. + KAROLVS: DEI: GRA. Autour, BRITAORV. DVX. Couronne et 3 lis; bordure de lis (480). Gros blanc. Bill. B.

50 CHAROLLVS DVX. Croix coupant la légende; autour, BNDICTV. etc. ℟. + MONETA. BRITAN. Lion de Flandre; bordure de lis (492). Gros. Bill. B.

51 *Jean IV*. IOHANNES. DVX. BRITAIE. V. Ecu penché sous un casque orné de cornes. ℟. + DEVS. IN. ADIVTORIVM. MEV. INTEDE. Croix (861). Gros. Bill. B.

52 *Jean V*. Blanc aux 9 mouchetures. *François I*. Blanc à la targe. *François II*. Blanc à la targe. — Blanc à l'écu. Bill. — Ens. 4 p. B. et TB.

(1) Les numéros entre parenthèses sont ceux de l'ouvrage de Poëy d'Avant : *Monnaies féodales de France*.

53 **Anjou**. *Charles I*. **Châteaudun**. Denier. **Déols**. *Eudes l'Ancien. Guillaume I*. **Issoudun**. *Raoul III*. Deniers. Bill. — Ens. 5 p. B. et TB.

54 **Vierzon**. Denier. **Nevers**. *Hervé de Donzy. Mahaut II*. **Souvigny**. Deniers. 2 variétés. Bill. — Ens. 5 p. B. et TB.

55 **Clermont**. Deniers variés. 3 p. — Oboles variées. 2 p. Bill. — Ens. 5 p. B. et TB.

56 **Riom**. *Alphonse*. (2263, 2267, 2268). Deniers. 3 p. B.

57 **Turenne**. *Raymond*. **Poitou**. *Richard Cœur-de-Lion*. **La Marche**. *Hugues X*. **Angoulême**. Deniers. Bill. — Ens. 4 p.

58 **Aquitaine**. *Guillaume X*. Denier et obole. *Eléonore*. Denier. Bill. — Ens. 3 p. B. et TB.

59 *Richard*. Denier. *Edouard I*. Denier-lion. 2 p. — Denier (2775) et obole. *Edouard III*. Demi-gros. Bill. — Ens. 6 p. B. et TB.

60 *Le Prince Noir*. Denier. *Richard II*. Hardi. *Henri IV*. Hardis. 2 variétés. Bill. — Ens. 4 p. B.

61 **Béarn**. *Centulle*. Denier et obole. *François-Phœbus*. Blanc. (LXX, 7 varié). Bill. — Ens. 3 p. B. et TB.

62 **Urgel**. *Ermangaud*. + ERMENGAVDVS. Crosse entre 2 croix tréflées. ℟. + COMES. VRGELLI. Croix cantonnée de 4 points (3524). Denier. Bill. TB.

63 **Toulouse**. *Bertrand*. Denier. *Raymond VII*. Denier. **Melgueil**. Denier. **Anduse et Sauve**. Denier et obole. Bill. — Ens. 5 p. TB.

64 **Rodez**. *Hugues*. + VGO. COMES. ℟. + RODES. CIVI. Dans le champ, DAS et croisette (3881). Obole. Bill. TB.

65 *Henri I*. + HENR : COMES. Croix avec annelet au 2. ℟. RODES : CIVIS. Même type (3883). Obole. Bill. B.

66 *Cécile*. + CECILIA : COMIT. Croix avec annelet au 3. ℟. Le précédent (3886). Obole. Bill. TB. Très rare.

67 *Henri I*. Denier. **Albi**. *Raymond*. Denier. **Cahors**. *Guillaume de Cardaillac*. Denier et Obole. *La Ville*. Denier. Bill. — Ens. 5 p. B. et TB.

68 **Forcalquier**. *Guillaume IV*. + WILELMVS. Dans le champ, COME. ℟. + PROENCIE. Croix (3927). Obole. Bill. TB.

69 + VI. LEL. MVS. Dans le champ COME. ℟. Le précédent (3929). Denier. Bill. TB.

70 **Cadenet**. *Bertrand*. + BERTRAND. Croix. + COMES : EDNE. Etoile à huit rais (4658). Denier. Bill. FDC.

71 Mêmes types (4661). Obole. Bill. FDC.

72 **Provence.** *Alphonse d'Aragon.* Denier. *Charles I d'Anjou.* Denier. Bill. — Denier marseillais (3955). Arg. — Ens. 3 p. B. et TB.

73 + KAROLVS. SCL. REX. Autour, BNDICTV. etc. Croix. ℟. + COMES. PVINCIE. Châtel tournois; bordure de lis (3940). Gros. Arg. TB.

74 *Charles II.* Salut (3971). — Carlin (3974). *Robert.* Carlin (3977). — Sol coronat (3988). Arg. — Ens. 4 p. TB.

75 *Jeanne de Naples.* + IOHANA : DEI : GR : IHR : SICL : REG. Ecu parti. ℟. Type de S. Jean Baptiste (4014). Florin. Or. TB.

76 *Louis II.* LVDOVICS : DVX : KALABRI : AND. Le prince armé debout sous un dais. ℟. + XPC. etc. Croix dans une rosace (4047). Franc à pied. Or. B.

77 **Arles.** *Etienne de la Garde.* S. AREL. ARCHP. Lis. ℟. Type de S. Jean Baptiste (4107). Florin. Or. TB.

78 **Die.** + AVE : GRA : PLENA : Tête de la Vierge de trois-quarts à g. ℟. + : CIVITAS : DIEN : Croix feuillue (4744). Bill. TB.

79 **Vienne.** *Henri le Noir.* Denier. — Deniers au St Maurice. 2 p. — Obole. Bill. — Ens. 4 p. B. et TB.

80 **Dauphiné.** *Humbert II.* + H. DPH. VIENS. Lis. ℟. St Jean-Baptiste (4867). Florin. Or. TB.

81 *Charles V* (4895). Gros. *Charles VII* (4963). Petit dauphin. 2 p. Bill. — Ens. 3 p. B.

82 *Louis XI.* + LVDOVICVS. DALPHS. VIENENSIS. Ecu écartelé. ℟. + SIT. etc. Croix cantonnée de 2 dauphins et 2 lis (4985 var.). Blanc. Bill. Très beau.

83 **Lyon.** *Conrad.* Denier. **Besançon.** *Hugues III.* Denier. *Charles-Quint.* Carolus 1543 et 1622. — Demi-carolus. 1540. Bill. — Ens. 5 p. B.

84 **Bourgogne.** *Eudes III.* Denier de Dijon. **Auxerre. Sens. Troyes.** *Thibaut I.* **Provins.** *Thibaut IV.* Deniers. Bill. — Ens. 5 p. B.

85 **Meaux.** *Etienne de La Chapelle.* **Provins.** *Guillaume I.* **Amiens. Corbie.** Deniers. Bill. — Ens. 4 p. B.

86 **Metz.** *Thierry et Othon. Thierry II. Jacques.* Deniers. Arg. — Ens. 3 p. AB.

87 Evêque mitré bénissant, à mi-corps à g. ℟. + MOIIAVI. Croix pattée. Denier de Moyen-Vic. (Vente Robert N° 595 : 42 fr.). Arg. B. Rare.

88 *Bouchard d'Avesnes.* BOVCARDVS. Ecu. ℟. + MARS ALLENSIS. Croix pattée. Denier de Marsal (Vente Robert 612). Arg. TB. Rare.

89 *Thierry V de Boppart.* THEODC. EPS. METE. L'Evêque debout. ℟. + BNDICTV. etc. GROSSVS. METES. Croix. Gros. Arg. TB.

90 *Raoul de Coucy*. Gros de Marsal. *Charles I de Lorraine*. Bugne. *Robert de Lenoncourt*. 1552. Bugne. Arg. — Ens. 3 p. B.

91 *La Ville*. Gros au St Etienne. Arg. 3 p. variées. — Demi-gros. 1651. Bill. — Quart de solidus. 1657. Cuivre. — Ens. 5 p. B.

92 S. STEPHA. PROTHOM. St Etienne debout à g.; au bas, 98. ℟. +MONETA. NOVA. METENSIS. Ecu sur la double aigle. Teston. Arg. TB.

93 Buste à g. 1639 et 1660. Testons. Arg. — Ens. 2 p. variées. B.

94 **Toul**. *Thomas de Bourlémont*. Esterlin. **Saint-Mihiel**. Esterlin. **Liverdun**. Denier. Arg. — Ens. 3 p. B.

95 **Lorraine**. *Mathieu II*. Maille de Sierk. *Ferri III*. Maille de Nancy *Thibaut II*. Double denier. *Ferri IV*. Double spadin. — Maille. — Esterlin. Arg. — Ens. 6 p. B. et TB.

96 *Jean I*. IOHANNES : DVX : LOTHOR : ET : MAR. Ecu dans un sexilobe. ℟. + BNDICTV. etc. MONETA. SIERK. Croix. Gros. Arg. B.

97 IOHES. DVX. LOTHOR. ET. MARC. Le duc armé debout. ℟. +MONETA : FACTA : IN : NANCEIO. Croix cantonnée de 4 alérions. Gros. Arg. B.

98 IOHES : DVX : LOT : MARCH. Ecu penché sous un heaume cimé d'un alérion. ℟. MONETA : FCA : IN : NANCEY. Epée entre deux écus. Gros. Arg. TB.

99 *Charles II*. KAROLVS : DVX : LOTHOR : ET : MAR. Ecu dans un sexilobe. ℟. + BNDICTV. etc. MONETA : SIERK. Croix. Gros. Arg. TB.

100 KAROLVS. DVX. LOTHOR. Ecu penché sous un casque cimé d'un aigle. ℟. BNDICTV. etc. MONETA : IN : SIERK. Epée entre 2 feuilles de houx. Gros. Arg. TB.

101 KAROLVS. DVX. LOTHOR. Z. M. Le duc armé debout. ℟. + BNDICT. etc. MONETA. DE. NANCI. Croix. Gros. Arg. TB.

102 Même droit. ℟. SIT. etc. Champ écartelé de Lorraine et de Bar; sur le tout d'Anjou (Frappé par René). Demi-gros. Arg. B.

103 *René I*. RENAT. D. BAR. M. P. CO. Le duc armé debout, appuyé sur son écu. ℟. + SIT. etc. MONETA. S. MICHA. Croix. Gros. Arg. TB.

104 *René II*. RENATVS : D : G : REX : SI : IE : Z : LOTHO. Ecu couronné. ℟. FECIT : POTENCIAM : IN : BRACHIO : SVO. Bras armé sortant d'une nue. Plaque. Arg. TB.

105 *René I*. Gros et demi-gros. *Antoine*. Demi-plaque. — Quart de plaque. — Quart de teston. 1527. Arg. — Ens. 5 p. B. et TB.

106 *Charles III*. Testons. 2 variétés. Arg. B. et TB.

107 Quart de teston. Arg. *Henri*. Denier. *Charles IV et Nicole*. Double denier. — Deniers, 2 variétés. Bill. — Ens. 5 p. TB.

108 *Charles IV*. CAROLVS. D. G. DVX. LOTH. MARCH. D. C. B. G. Buste à dr. ℟. MONETA. NOVA. ROMAR^TI. CVSA. Ecu couronné. Teston. Arg. B.

109 CAR. D. G. DVX. LOTH. MAR. D. C. B. G. Buste à dr., les cheveux longs. ℟. MONETA. NOVA. NANCEII. CVSA. 1665. Ecu couronné. Demi-teston. Arg. TB.

110 *Léopold I*. Teston, 1716. — Demi testons, 1717 et 1720. Arg. 3 p. B.

111 LEOP. I. D. G. LOT. BAR. REX. IER. Tête à dr. ℟. IN. TE. DOMINE. SPERAVI. 1724. Ecu couronné aux armes pleines. Ecu. Arg. TB. Un peu rayé.

112 LEOPOLDVS. I. D. G. D. LOT. BA. REX. IE. Tête à dr. ℟. Même lég. 1719. Écu à la bande de Lorraine. Demi-écu. Arg. TB.

113 **Cambrai**. + FLOR. EPI. CA. Lis. ℟. St Jean-Baptiste. Florin. Or. TB.

114 **Flandre**. *Gand*. Heaume. Maille. *Lille*. Mailles. 3 variétés. Arg. — Ens. 4 p. B. et TB.

115 *Robert de Béthune*. + R. COMES. FLANDRIE. Tête couronnée de face. ℟. MONETA ALOTEN. Croix cantonnée de 12 globules. Esterlin. Arg. B.

116 ROBERTVS : COMES. Autour, PAX : DOMINI : SIT : SEMPER : NOBISCVM : Croix. ℟. MONETA : FLANDE. Châtel tournois; bordure de lis. Gros. Arg. B. Rare.

117 *Louis de Crécy*. Gros au lion. — Demi-gros de Gand. Arg. — Double mite d'Alost. Bill. — Ens 3 p. TB.

118 *Louis de Male*. LVODOVIC : DEI : GRA : COMES : Z : DNS : FLADRIE. Le comte galopant à g. ℟. + XPC., etc. Croix dans un quadrilobe. Franc-à-cheval. Or. TB.

119 LVDOVICVS : DEI : GRA : COM : Z : DNS : FLANDIE. Lion heaumé assis à g. sur une estrade; au bas, FLANDRES. ℟. + BENEDICTVS : QVI : VENIT : IN : NOMINE : DOMINI. Croix cantonnée de F-L-A-N dans une rosace. Lion d'or. TB.

120 Gros au lion debout. — Lion de 4 gros. — Lion. Arg. — Double mite. Cuivre. — Ens. 4 p. B. et TB.

121 *Philippe-le-Hardi*. Double gros au lion. — Double gros à l'aigle. — Double gros aux deux écus. Arg. — Ens. 3 p. B.

122 Gros au lion. — Demi-gros au lion. — Arg. — Mite. Cuivre. — Ens. 3 p. B. et TB.

123 *Jean-sans-Peur*. Double gros au lion — Double gros et Gros aux deux écus. Arg. — Double mite. Cuivre. — Ens. 4 p. B.

124 *Philippe-le-Bon*. Double gros au lion. — Double gros Vierlander. Arg. — Mite. Cuivre. — Ens. 3 p. B.

125 *Charles-le-Téméraire*. Double-gros Vierlander. *Marie de Bourgogne*. Double briquet. — Gros. Arg. — Mite. Cuivre. — Ens. 4 p. B. et TB.

126 *Philippe-le-Beau* (Minorité.) Double briquet de Gand. — Demi-briquet. — Demi-patard aux armes. Arg. — Ens. 3 p. TB.

127 Briquet. — Double gros. Arg. — Ens. 2 p. B.

128 (Majorité). PHS : ARCHID : AVST : DVX : BV : CO : FL. Ecu. ℟. INICIVM. etc. Toison sous 2 briquets. Toison d'Argent. B.

129 Double patard. Arg. — Double mite au P. — Gand. 4 mites, 2 mites et courte. Cuivre. — Ens. 5 p. B. et TB.

MONNAIES & MÉDAILLES DE PAPES

---

130 **Monnaies**. *Nicolas V*. + NICOLAVS. PP. QVINTVS. Armes de l'Eglise. ℟. + S. PETRVS. ALMA. ROMA. St Pierre debout. Sequin. Or. TB.

131 *Innocent VIII*. INNOCENTIVS. PP. VIII. Ecu des Cibo. ℟. SANCTVS. PETRVS. ALMA. ROMA. La barque du Pêcheur. Sequin. Or. TB.

132 *Léon X*. LEO. PAPA. DECIMVS. Ecu des Médicis. ℟. S. PETRVS. ALMA. ROMA. St Pierre debout. Demi-gros. Arg. TB.

133 *Clément VII*. CLEMEN. VII. PONT. MAX. Ecu des Médicis. ℟. + SANC. PETRVS. ALMA. ROMA. La barque du pêcheur. Sequin. Or. TB.

134 *Clément IX*. CLEMENS. IX. PONT. MAX. Ecu des Rospigliasi. ℟. SPLENDET A MAIESTATE EIVS. La chaire de St Pierre. Scudo. Arg. Trou rebouché. B.

135 *Clément X*. CLEMENS. X. PONT. AN. IV. B. Buste à dr. ℟. CLAVSIS FORIBVS VENTET ET DABIT PACEM. MDCLXXV. La Porte Sainte entre St Pierre et St Paul. Scudo. Arg. TB.

136 Même droit. ℟. Le Pape, entouré de personnages, ouvrant la Porte sainte. Au bas, MDCLXXV. Scudo. Arg. Trou rebouché. B.

137 Ecu des Altieri. ℟. DABIT FRVCTVM SVVM IN TEMPORE. Type de la Porte Sainte. MDCLXXV. Scudo. Arg. TB.

138 *Innocent XI*. Buste à dr. ℟. SANCTVS MATTHÆVS. APOST. Ange dictant l'Evangile à S. Mathieu. Scudo. Arg. TB.

139 Ecu des Odescalchi. ℟. AVARVS NON IMPLEBITVR dans un cartouche. Demi-scudo. Arg. TB.

140 Buste à dr. ℟. DEXTERA TVA DOMINE PERCVSSIT INIMICVM 1684 cerné de palmes. Scudo. Arg. TB.

141 *Innocent XII.* Buste à dr. ℟. DEVS PACIS CONTERET SATANAM. L'archange foudroyant Satan. Scudo. Arg. TB.

142 — NOVIT IVSTVS CAVSAM PAVPERVM. 1693. La Charité assise à dr. Scudo. Arg. B.

143 — LOQVETVR. PACEM. GENTIBVS. Conclave ; dessous, 1696. Scudo. Arg. TB. Troué.

144 — FIAT PAX. IN. VIRTVTE. TVA. Le Pape agenouillé à g., contemplant le St-Esprit. Demi-scudo. Arg. TB. Troué.

145 INNOCEN. XII. PONT. M. AN. VI. Ecu des Pignatelli. ℟. Même revers, daté 1697. Demi-scudo. Arg. TB.

146 *Clément XI.* CLEMENS. XI.PONT. M. A. XVIII. Ecu des Albani. ℟. SVPER. FVNDAMENT. APOSTOL. La Religion debout à g. Scudo d'or. TB.

147 Buste à dr. ℟. Buste de St Pierre de trois quarts à g. Demi-scudo. Or. TB.

148 Ecu des Albani. ℟. VIDERVNT. OCVLI. MEI. SALVTARE. TVVM. 1704. La Présentation au Temple. Scudo. Arg. TB.

149 Buste à g. ℟. DIGNIS. VICTORIAM. La Peinture, l'Architecture et la Sculpture debout. Teston. Arg. TB.

150 Ecu des Albani. ℟. QVI MISERETVR PAVPERI BEATVS ERIT. dans une guirlande. Teston. Arg. TB.

151 *Clément XII.* Ecu des Corsini. ℟. LVMEN RECTIS. 1735 dans un cartouche. Demi-scudo. Or. TB.

152 — ℟. QVÆRITE VT ABVNDETIE. MDCCXXXI. — ℟. VRBE NOBILITATA. MDCCXXXV. Testons. Arg. — Ens. 2 p. TB.

153 *Pie VI.* PIVS. VI. PONT. MAX. AN. XIII. Ecu des Braschi, sommé de la tiare et des clefs. ℟. S. PETRON. PON. PROT. 1787. St Pétrone au-dessus des écus de Bologne et du cardinal Archetti ; au bas : ZECCH. 5. Cinq sequins. Or. Très beau.

154 Ecu des Braschi. ℟. S. Pierre et S. Paul. 1790. Teston. — Bologne. 5 paoli. 1796. Arg. — 2 1/2 baïocchi. — 2 baïocchi. Cuivre. — Ens. 4 p. TB.

155 *Pie VII.* Ecu des Chiaramonti. ℟. AVXILIVM DE SANCTO. 1818. La Religion assise sur des nuées. Scudo. Arg. TB.

156 *Léon XII.* Buste à g. ℟. Le précédent. 1825. Scudo. Arg. TB.

157 *Siège vacant.* SEDE VACANTE. MDCCCXXX. Ecu du cardinal Galleffi. ℞. VENI LVMEN CORDIVM. ROMA. Le St Esprit dans une gloire. Scudo. Arg. FDC.

158 *Pie IX.* 5 lire 1870. — 50 baïocchi. 1853. — 20 b. 1850. — 5 b. 1862. Arg. — 4 soldi. 1868. Cuivre. — Ens. 6 p. TB.

159 *Léon XIII.* LEO XIII PONTIFEX MAXIMVS ANNO I. Son buste de trois-quarts à dr. ℞. 5. L. 1878. Armoiries. 5 lire. Arg. Pièce de fantaisie. FDC.

160 **Médailles.** *Pie V.* PIVS. V. PONT. OPT. MAX. ANNO. VI. Buste à g. ℞. DEXTERA TVA DOM PERCVSSIT INIMICVM. La bataille navale de Lépante. Br. doré. 35%. Très jolie médaille.

161 *Alexandre VII.* Buste à g. ℞. Eglise. Br. 42%. TB.

162 — Un plan au-dessus d'un portique. Br. 41%. TB.

163 *Innocent XI.* INNOCENTIVS. XI. PONT. MAX. Buste à g. ℞. OMNIVM. PATER OMNIVM VOTIS DATVS AN. DNI. 1676 dans un cartouche. Br. 76%. TB. Trouée.

164 Buste à dr. ℞. IN SÆCVLVM STABIT. La Foi debout à g. Arg. 34%. TB.

165 Buste à dr. avec la tiare. ℞. SVB. TVVM. PRÆSIDIVM. La Vierge au-dessus d'une tour; bannière et combat de cavalerie; à l'exergue: TVRCIS AD PARKAN CÆS. 18. AD. IOANNE. III. POL. REGI. A. 1684. Br. 39%. TB.

166 Buste à dr. en calotte. ℞. IN PERPETVVM CORONATA TRIVMPHAT. Croix sur une île battue par quatre vents. Br. doré. 36%. Très belle.

167 *Innocent XII.* Eglise. ℞. Inscription. 1694. Br. 47%. TB.

168 *Clément XI.* Plan de l'Eglise des Apôtres. 1702. Br. 44%. TB.

169 *Clément XIV.* CLEMENS. XIV PONTIF. MAX. Buste bénissant à dr. ℞. NVNQVAM NOVI VOS DISCEDITE A ME OMNES. Le Christ chassant les Jésuites; au bas, EXAVG. SOC. IESV MEMOR. MDCCLXXIII. PS. CXVII. 23. Arg. 44%. TB.

170 *Pie VII.* Buste à dr. ℞. Bustes en regard de S. Pierre et de S. Paul. 1804. Arg. 38%. TB.

171 Buste à g. ℞. Buste de la Vierge à g. Arg. 32%. TB.

172 — ℞. RELIGIONI AC BONIS ARTIBVS. La Foi guidant deux enfants vers une école; au bas, COLL. ROM. Arg. 37%. TB.

173 Buste à dr. avec la tiare. ℞. IMPERATOR. SACRATVS. L'Eglise Notre-Dame; au bas PARISIIS. II. DEC. MDCCCIV. (Sacre de Napoléon. (TN. III. 14). Br. 40%. TB.

174 — ℞. EN JANVIER MDCCCV. S. S. PIE VII A VISITÉ LA MONNAIE DES MÉDAILLES. Parasol et clefs (TN. XXXI. 95). Br. 41 %. TB.

175 Buste à g. ℞. EX GALLIA REDEVNTI POSTR. EID. MAI. Le pont Milvius; au bas, P. MILVIVS. REST. MDCCCV. Br. 39 %. TB.

176 — S. FRANCISCI SEPVLCRVM GLORIOSVM. MDCCCXVIII. Sépulcre de S. François. Arg. doré. 41 %. TB.

177 — FRANC. I. AVSTR. IMP. IN QVIRINALI HOSPES. Le Pape recevant les Souverains d'Autriche; au bas : ANNO. MDCCCXIX. Arg. 41 %. TB.

178 — VIIS. ALVBIS. ET. OP. PVBL. Femme debout entre le Tibre et la Voirie; au bas, CONLEGIO CONSTITVTO. Arg. 41 %. TB.

179 *Grégoire XVI*. Buste à dr. ℞. PRID. KAL. IVN. MDCCCXXXII. S. SEDIS. LATERAN. POSSESS. Anges tenant la tiare et les clefs. Arg. 43 %. TB.

180 GREGORIVS. XVI. AVSV. ROMANO. SACRI. PRINCIPATVS. ANNO II. INCHOAVIT. V. PERFECIT. Un paysage. ℞. TIBVRTES. CATILLO. PERFORATO. INDVCTO. ANIENE. SERVATI. Paysage et cascade; au bas : ANNO. DOMINI. MDCCCXXXV. Arg. 75 %. Très belle médaille.

181 Buste à g. ℞. CENTVMCELL. VRBA. AMPLIFICATA. La ville de Civitta Vecchia assise devant son port; au bas, PORTV. REDDITO. TVTIORE. Arg. 43 %. TB.

182 Buste à dr. ℞. Vue de Terracine; au bas, PORTV. TERRACINAE. SALVTARI. CIVIBVS. OPPORTVNO. NAVIGANTIBVS. APERTO. AN. MDCCCXXXXIII. Arg. 43 %. TB.

183 — ℞. L'Hospice des Incurables; au bas : VALETVDINARIO. INCVRABILIVM. AB. S. IACOBI. IN. AVGVSTA. RESTITVTO. AMPLIATO. AN. M. DCCC. XXXXIV. Arg. 43 %. TB.

184 *Pie IX*. Buste à dr. ℞. PASCE OVES MEAS. La mission de St Pierre; au bas, COLLEGIVM ALVMNIS CVIQUE DIOCESI DITIONIS PONTIFICIAE AD PHILOSOPHIAM ET THEOLOGIAM INSTITVENDIS. Br. 67 %. TB.

185 PRINCEPS APOSTOLORVM — DOCTOR GENTIVM. Le Christ entre St Pierre et St Paul; au bas, ISTI SVNT TRIVMPHATORES ET AMICI DEI. ℞. PIO IX. etc. Lég. en 12 lignes. Arg. 70 %. TB.

186 Buste à g. ℞. SACROS SEDIS. LATER. POSSESS. La Justice entre la Paix et la Clémence; au bas, VI. IDVS. VOV. MDCCCXXXXVI. Arg. 43 %. TB.

187 — Viaduc; à l'exergue : ALBANO ET ARICIA PONTE CONJVNCTIS MDCCCLI. Arg. 43 %. TB.

188 — La Salle du Bacchus; au bas, MVSEVM. IN. AEDIBVS. LATERAN. AVCTVM. AN. MDCCCLIII. Arg. 43 %. TB.

189 Buste à dr. ℞. VIA APPIA RESTITVTA. Le Corps de St Sébastien étendu devant la voie Appienne; au bas, A. TEMP. S. SEBASTIANI. XP. M. AD BOVILLAS. Arg. 43 %. TB

190 Buste à g. ℟. SINITE PARVVLOS VENIRE AD ME. Le Christ entouré d'enfants; au bas, PVEROR. EDVCATIONEM INSTAVRAT AVGET. Arg. 43 m/m. TB.

191 Buste à dr. ℟. Le Pape bénissant un mourant sur un lit d'hôpital; au bas, AD SANCTI SPIRITVS LVE LABORANTES INVISIT XI KAL SEPT. A. MDCCCLIV. Arg. 43 m/m. TB.

192 — PROVIDENTIA P. M. FERREA VIA ROMAM PROVINCIIS. AN. MDCCCLVI. L'Industrie assise sur une locomotive. Br. 43 m/m. TB.

193 — PORTAM VRBIS IN JANICVLI VERTICE RESTITVIT ORNAVIT. ANNO. MDCCCLVI. Porte du Janicule. Arg. 43 m/m. TB.

194 Buste à g. ℟. Le Pape dans une campagne, bénissant des femmes allégoriques; au bas : OPT. PR. PROVINCIAR. LVSTRATIO. ANNO. MDCCCLVII. Arg. 43 m/m. TB.

195 — La Chaire de St Pierre entre les quatre Docteurs; au bas, FIDEI REGVLA ECCLES. FVNDAMENTVM. Arg. 43 m/m. TB.

196 — DEVS MEVS CONCLVDAT ORA LEONVM. MDCCCLXI. Daniel entre 2 lions. Arg. 43 m/m. TB.

197 — PETRI INOPIAM CHRISTIANI STIPE SVSTENTANT. Offrandes à St Pierre; au bas, ANTIQVA PIETAS RENOVATVR. MDCCCLXII. Arg. 43 m/m. TB.

198 — La manufacture des tabacs; au bas, NICOTIANIS. FOLIIS. ELABORANDIS. OFFICINAM. APTIOREM. A. SOLO. EXTRVXIT. AN. MDCCCLXIII. Arg. 43 m/m. TB.

199 — Colonne et église St Laurent; au bas, TEMPLVM. S. LAVRENTII. M. RESTITVIT. EXORNAVIT. COLVMN. EREXIT. A. MDCCCLXV. Arg. 43 m/m. TB.

200 — L'Hospice des Aliénés; au bas. HOSPITIVM. DEMENTIBVS. CVRAND. COMMODIVS. INSTAVRATVM. AMPLIATVM. Arg. 43 m/m. TB.

201 — ADSCENSV. COMMODIORE. AD. COLLEM. QVIRINALEM. APERTO. EXORNATO. AN MDCCCLXVII. L'escalier du Quirinal. Arg. 43 m/m. TB.

202 — Entrée et vue du cimetière; au bas, COEMETERIVM. VRB. AD. AGR. VERANVM. INSIGNI. IN. FRONTEM. EXTRVCTIONE. AVCTVM. NOBILITATVM. A. CHR. MDCCCLXX. Arg. 43 m/m. TB.

203 — IOSEPHVS MARIAE V. SPONSVS. St Joseph entre la Religion et la Vierge; au bas: ECCLESIAE. CATH. PATRONVS. DATVS. 1871. Arg. 43 m/m. TB.

204 — Le Pape en prières entre le Christ et St Pierre; au bas, XXV ANNIS. REGNAVIT. FECITQ. QVOD RECTVM ERAT. Arg. 43 m/m. TB.

205 — Intérieur de la basilique de St Laurent; au bas, BASIL. S. LAVRENTII. M. REST. ET. ORN. Arg. 43 m/m. TB.

206 — Intérieur de l'église Ste Marie du Transtévère; au bas, BASIL. TRANSTIB. MARIAE. D. N. REFECTA. EXORNATA. A. MDCCCLXXIV. Arg. 43 m/m. TB.

207 — PAVPERVM. COMMODITATI. AEDES. A. SOLO EXTRVCTAE. Fontaine et perspective. Arg. 43 m/m. TB.

208 *Léon XIII.* Buste à g. ℟. DEO. AVCTORE. VNIVERSAE. RECTOR. DATVS. X. KAL. MART. A. MDCCCLXXVIII. Armes du Pape. Arg. 43 m/m. TB.

209 — GENS. ET. REGNVM. QVOD. NON. SERVIERIT. MIHI. PERIBIT. MDCCCLXXIX. La Papauté assise de face. Arg. 43 m/m. TB.

210 — THOMAE. AQVIN. DOCTORA. IN. PRISTINVM. DECVS. RESTITVTA. Saint Thomas d'Aquin entre la Foi et la Science; au bas, RENOVATVM. DIVINAE. HVMANAEQ. SCIENTIAE. FOEDVS. Arg. 43 m/m. TB.

211 — PVBLICA. IN. CYRILLVM. ET. METHODIVM. RELIGIONE. AVCTA. SLAVORVM. OBSEQVIE. EXCIPIT. A. MDCCLXXXI. Le Pape recevant les Slaves-Unis. Arg. 43 m/m. TB.

212 — PORTICV. PRODVCTA. BASILI. CVM. BAPTISTERIO. CONIVNX. A. MDCCCLXXIV. Corps de bâtiment. Arg. 43 m/m. TB.

213 — CELLAM. MAXIMAM. BASIL. LATER. AMPLIARI. CENARIQVE. IVBET. AN. MDCCCLXXXVI. Le Pape commandant à des Architectes. Arg. 43 m/m. TB.

214 — ORBIS. VNIVERSI. OBSEQVIA. ET. GRATVLATIONES. Le Pape salué par des peuples divers; au bas, ANTISTITI. SACROR. MAX. A. L. SACERDOTII. EIVS. Arg. 43 m/m. TB.

215 — Le Cloître de S. Jean de Latran; au bas, PORTICVM. CLAVSTRI. LATER. EX. VET. FORMA. RESTITVTIT. ORNAVIT. A. MDCCCLXXXIX. Arg. 43 m/m. TB.

216 — IVS. DOMINII. IVS. OFERARIAE. PLEBIS. ASSERTVM. La Religion debout, entourée de personnages divers. Arg. 43 m/m. TB.

217 — FIET. VNVM. OVILE. ET. VNVS. PASTOR. MDCCCXCVI. Le Christ parlant à trois docteurs. Arg. 43 m/m. TB.

218 LEO. XIII. etc. MDCCCC. Buste à dr. ℟. Lion debout sur une hydre; au bas, VICIT LEO DE TRIBU JUDA. Signé LANCELOT. Br. 41 m/m. TB.

MÉDAILLES

219 *Pierre Gyron*. PETRVS. GVRON. DVX. & VRENIÆ. COM. X : Buste à dr. ℟. PRIMVS ET IRE VIAM. Cheval cabré à g. Br. 41 m/m. B. Trouée.

220 *Henri II*. HENRICVS. II. GALLIARVM. REX. INVICTISS. P. P. Buste lauré et armé à dr. ℟. OB RES IN ITAL : GERM. ET GAL. FORTITER AC FOELIC. GESTAS. Char de la Renommée à dr.; au bas, EX VOTO PVB. 1552. (TN. XII, 1). Br. 55 m/m. TB. Trouée.

221 Même droit. ℟. RESTITVTA REP. SENENSI LIBERATIS. OBSIO. MEDIOMAT. PARMA MIRAND. SANDAMI ET RECEPTO HEDINIO ORBIS CONSENSV 1552 en 9 lignes dans une couronne de laurier (TN. XII, 2). Br. 55 m/m. Traces de dorure. B.

222 *Le cardinal de Granvelle*. ANT. S. R. E. PBR. CAR. GRANVELANVS. Buste à g. ℟. IN HOC VINCES. Le Pape assis à g., remettant une bannière à don Juan d'Autriche. Br. 42 m/m. TB. Trouée.

223 *Louis, cardinal de Guise*. LVDOVICVS CARDINALIS DE GVISIA. 1578. Buste à g. avec barrette. ℟. + ORTV. CLARVS. SINE. DOLO. Agneau pascal dans une gloire. Br. 37 m/m. TB.

224 *Louis XIII force le pas de Suze*. Buste à dr., au bas, 1629. ℟. NON MARE NON MONTES FAMAM SED TERMINAT ORBIS. Le roi sous les attributs d'Hercule combattant à dr., signé W. (TN. XXI, 1). Br. 39 m/m. TB.

225 *Anne de Rohan*. ANNE DE ROHAN PRINCESSE DE GVEMENE. Buste à dr., signé WARIN. ℟. SPES DVRAT AVORVM. 1638. Aigle fixant le soleil. (TN. XXIX. 2). Br. 53. TB.

De la Collection Lecomte.

226 *Anne d'Autriche et Louis XIV*. ANNA. D. G. FR. ET. NAV. REX. Buste à dr. ℟. LVD. XIIII. etc. Buste à dr. Arg. 27 m/m. TB.

227 *Louis XIV*. 1643. Prise de Trin et de Pont de Sture. Br. 41 m/m. TB.

228 — Variété avec PADVS LIBER. Br. 41 m/m. TB.

229 1654. Sacre du roi. Le roi agenouillé de face. Br. 41 m/m. TB.

230 — Variété. Le roi agenouillé à dr. Br. 41 m/m. TB.

231 1658. Guérison du roi à Calais. Br. 41 m/m. TB.

232 1663. Marsal remis au roi. Br. 41 m/m. TB.

233 — Variété. Protée terrassé. Br. 41 m/m. TB.

234 1666. Académie des Sciences. Arg. 41 m/m. TB.

235 1668. Paix d'Aix-la-Chapelle. Br. 41 m/m. TB.

236 LVD. XIV. D. G.FR. ET. NAV. REX. Le roi galopant à g. ℟. QVIS CONTRA NOS. Le roi exterminant l'Hérésie (Triomphe du catholicisme à Nimègue). Br. 43 m/m. TB.

237 1685. Extinction de l'Hérésie. La Foi couronnant le roi. Br. 41 m/m. Très beau.

238 — Autre type. La Religion debout sur l'Hérésie abattue. Br. 41 m/m. TB.

239 1685. Démolition des temples calvinistes. Br. 41 m/m. TB.

240 1690. Conquête de la Savoie. Br. 41 m/m. TB.

241 1693. Victoire de la Marsaille. Br. 41 m/m. TB.

242 1696. Paix avec le duc de Savoie. Br. 41 m/m. TB.

243 1699. Hommage du duc de Lorraine pour Bar. Br. 41 m/m. TB.

244 1704. Prise d'Ivrée. Br. 41 m/m. TB.

245 1705. Prise de Verüe. Br. 41 m/m. TB.

246 *Louis XV*. 1722. Le Sacre. Le roi agenouillé à dr. Arg. 38 m/m. TB.

247 — Autre type. Le roi assis de face. ℟. Ecu de la ville d'Arras. Br. 41 m/m. TB.

248 — Variété. ℟. Ecu de l'évêché d'Arras. Br. 41 m/m. TB.

249 1722. Mariage de Mlle de Montpensier avec le prince des Asturies. Br. 41 m/m. TB.

250 1723. Reconstruction de la ville de Rennes. Br. 41 m/m. TB.

251 1724. Médiation entre le Czar et la Porte. Br. 41 m/m. TB.

252 1725. Mariage du roi avec Marie Leczinska. Arg. 34 m/m. TB.

253 1732. La ville de Metz fortifiée. Br. 41 m/m. TB.

254 1733. Conquête du Milanais. Br. 41 m/m. TB.

255 1737. Réunion de la Lorraine à la France. Br. 41 m/m. TB.

256 1738. Pacification de la République de Genève. Br. 41 m/m. TB.

257 1744. Erection de la statue du roi par les Etats de Bretagne. Arg. 41 m/m. TB.

258 — La même pièce. Br. 41 m/m. TB.

259 1747. Les Etats de Provence à E. M. Bouret (TN. XLVI. 6). Br. 73 m/m. TB.

260 1748. Paix d'Aix-la-Chapelle. Femme près d'un autel d'où s'élève la Paix sur des nuées. Arg. 41 m/m. TB.

261 1754. Naissance du duc de Berry. Buste du roi. ℟. OB NATUM BITUR DUCEM SEX MERCAT. PARIS. ORDINES M. DCC. LIV. dans une couronne. Br. 73 m/m. TB.

262 1757. Naissance du Comte d'Artois. La France présentant le nouveau-né à la province d'Artois. Arg. 41 %. TB.

263 1759. Université de Perpignan. Br. 41 %. TB.

264 1770. Mariage du Dauphin. Arg. 37 %. TB.

265 1773. Mariage du Comte d'Artois avec Marie-Thérèse de Sardaigne. Arg. 41 %. TB.

266 *Louis XVI*, 1775. Le Sacre. Le roi agenouillé à g., reçoit l'onction des mains d'un ange. Arg. 30 %. FDC.

267 1781. Jubilé de la réunion de Strasbourg. ℞. ARGENTORATVM FELIX VOTIS SECULARIBVS MDCCLXXXXI dans une couronne. Arg. 41 %. TB.

268 1781. Naissance du Dauphin. Bustes affrontés du roi et de la reine. ℞. La France tenant le nouveau-né. Arg. 41 %. TB.

269 1782. Même sujet. Bustes du roi et de la reine accolés à dr.; au bas LUTETIA. ℞. SOLEMNIA DELPHINI NATALIA. La ville agenouillée à dr. devant les Souverains. Arg. 50 %. Très jolie médaille.

270 1785. Académie de Valenciennes. 1er Prix de la classe de modèle. Br. 55 %. TB.

271 — Autre. 1er Prix de la classe du dessin. Br. 42 %. TB.

272 1788. Gallois de La Tour, Intendant de Provence. Br. 55 %. TB.

273 *Révolution*. 1790· Fédération de Versailles (TN. XX. 3). Br. 33 %. TB.

274 Confédération des Français (TN. XXIII. 3). Br. doré. TB.

275 Pacte fédératif (TN. XXVI. 3). Br. doré. ovale, 28/35 %. et anneau. TB.

276 1791. Confédération de l'Orne, à Alençon. Autel (TN. XXX. 7). Br. 34 %. TB.

277 Médaille de Palloy. Colonne. ℞. Lég. en 9 lignes : LEGISLATEURS. etc. (TN. XXXIV. 3 varié). Fer cerclé de cuivre. 38 %. TB.

278 1792. Décoration des membres de l'Assemblée Nationale. Table des Droits de l'Homme et de la Constitution, en émail blanc sur un fond rayonnant (TN. XXXV. 4). Cuivre doré. 74 %. et anneau. TB. Rare.

279 *République*. Liberté Française. A la Convention par les artistes réunis de Lyon (TN. XXXVIII. 4). Métal de cloche. TB.

280 1793. Réunion des Français, 10 Août. Prestation de Serment (TN. XLIV. 10). Br. 37 % et bélière. TB.

281 Espérance de tous les Peuples. ℞. Patriote debout (TN. XLVIII. 4). Etain bronzé, 55 %. TB.

282 Marat, Lepelletier, Chalier, Barra et Viala. ℟. Mêmes bustes (TN. XLIX. 5). Etain bronzé, 31 m/m. TB.

283 Médaille de Palloy. Sans respect aux Lois point de Liberté (TN. L. 4). Fer cerclé de cuivre, 55 m/m. TB.

284 1794. Victoire de Fleurus, le 3 messidor an 2 de la R. F. Victoire assise à g., couronnant un guerrier suivi d'un porte-trophée (TN. LIII. 2). Cliché étain bronzé, 79 m/m. TB.

285 Le général Alexandre Beauharnais. Buste à g. dans une couronne de chêne; cercle guilloché (TN. LIII. 4). Cliché Br. argenté, 44 m/m. TB.

286 1796. Combats de Millésimo et Dégo (TN. LX. 3). Br. 42 m/m. Tranche inscrite. TB.

287 Prix de l'Ecole de Sorèze. La Liberté instruisant un enfant (TN. LXII. 7). Br. 34 m/m. TB.

288 1797. La Ligurie reconnaissante. Buste de Bonaparte à g. ℟. Buste de G. Faipoult à g. (TN. LXIII. 6). Br. 49 m/m. B.

289 Loterie nationale. La Liberté debout (TN. LXV. 1). Br. 58 m/m et bélière. TB. Rare.

290 Commissaires de police à Milan. RÉPUBLIQUE FRANÇAISE. La Liberté debout. ℟. RESPECT A LA LOI dans une couronne civique. (TN. LXVII. 1). Arg. doré, 40 m/m. TB.

291 1798. Bataille des Pyramides. Bonaparte haranguant ses soldats. (TN. LXVIII. 5). Cliché. Br. 66 m/m. TB.

292 1799. Conseil des Cinq-Cents. Constitution de l'an trois. ℟. Représentant du Peuple l'an VII (TN. LXXI. 5). Br. argenté ovale, 46/55 m/m. TB.

293 1800. Le général Kléber, assassiné au Caire l'an 8. Buste à g. (TN. LXXVII. 12). Cliché Br. doré sous verre, 46 m/m. TB.

294 *Bonaparte. Paix d'Amiens.* Buste à dr. ℟. PAIX GÉNÉRALE 1801-1802. Victoire écrivant à dr. et entourée de drapeaux et d'armes (TN. XC. 1). Br. 52 m/m. TB.

295 Buste à dr. ℟. Victoire volant à g. (TN. LXXXIX. 7). Arg. 40 m/m. TB.

296 — La même pièce. Br. 40 m/m. TB.

297 — ITALICUS. Buste à g. ℟. Le précédent (TN. LXXXIX. 9). Br. 39 m/m. TB.

298 — BONAPARTE PR. CONSUL DE LA RÉP. FRAN. Tête nue à g. ℟. LE RETOUR D'ASTRÉE. La Justice debout sur le Monde (TN. LXXXIX. 10). Br. 40 m/m. TB.

299 — Génie sacrifiant à la Paix assise sur des nuages. ℟. Légende en 11 lignes (TN. XC. 4). Arg. 45%. TB.

300 La Ville de Lille au Premier Consul, 9 avril 1803. Buste à g. (TN. XCIV. 3). Br. 50%. TB.

301 Buste du Ier Consul à dr. ℟. A LA FIDÉLITÉ dans une couronne de laurier (TN. XCV, 11). Br. 38%. TB.

302 *Empire*. NAPOLÉON EMPEREUR. Statue en pied. ℟. EN L'AN XII LE CODE CIVIL EST DÉCRÉTÉ. Minerve debout à dr. (TN. II, 10). Br. 41%. TB.

303 1805. Buste à dr. ℟. PONTEM RHODANI FELICIORE SITV RESTITVIT. Victoire et trophée au-dessus du pont d'Avignon (TN. XII, 3). Br. 42%. TB.

304 1806. Conquête de la Dalmatie. Le Temple de Jupiter à Spalato (TN. XIII, 2). Br. 40%. TB.

305 Variété. Sous la tête de Napoléon, la signature : DENON FECIT. MDCCCVI. TB.

306 VIA. PUB. etc.; au bas SPALATI VOTUM. Plan de Spalato. ℟. ALEXANDRO MARMONT. etc. ANNO MDCCCVII. La Dalmatie assise à g. (TN. XXIV, 10). Br. 42%. TB.

307 M. A. Caroline, reine de Naples et de Sicile. Buste à dr.; cercle guilloché (TN. XXIV, 14). Cliché. Br. doré. 44%. TB.

308 Jérôme Napoléon, roi de Westphalie. Buste à g., cercle guilloché (TN. XXVII, 17). Cliché. Br. doré. 44%. TB.

309 Eugène Napoléon, vice-roi d'Italie. Buste à g. (TN. XXVIII, 12). Cliché ovale. Br. entouré d'un cercle. 38/44%. TB.

310 Amélie de Bavière, vice-reine d'Italie. Buste à dr. (TN. XXVIII, 13). Cliché ovale. Br. entouré d'un cercle. 38/44%. TB.

311 S. Ex. M. Bernadotte, prince de Ponte-Corvo, maréchal de l'Empire. Buste à dr. (TN. XXIX, 5). Cliché. Br. doré. 44%. Très beau.

312 Marie-Louise d'Autriche, Impératrice des Français, Reine d'Italie. Buste diadémé à dr. (TN. XLIII, 11 varié). Cliché. Br. doré. 62%. Très beau.

313 Tête laurée de Napoléon à dr. ℟. BATAILLE DE LA MOSKOWA. 7 SEPTEMBRE 1812. Hercule combattant les Géants (TN. LIII, 7). Br. 54%. TB.

314 Buste à dr. en épaulettes. ℟. FIDÉLITÉ ET PATRIE. L'estrade du Champ de Mai; au bas, CONSTITUTION D. 1815 (TN. LXV, 5). Br. 40%. TB. Rare.

315 *Louis XVIII*. Buste à dr., chevelure bouclée. ℟. CHAMBRE DES PAIRS dans une couronne civique. Arg. 40%. TB.

316 1821. Inauguration du pont de Bordeaux. Buste à dr. avec la queue. ℟. Lég. en 14 lignes. Br. 68%. TB.

317 AVOCATS AUX CONSEILS DU ROI. Ecu couronné cerné de lauriers. ℟. Quatre branches de lis autour d'un champ lisse. Octogone. Br. 50%. TB.

318 *Charles X*. SPES OLIM NUNC SOLATIUM. Tête à g. ℟. TANDEM VOTI COMPOS. Femme casquée tenant l'étendard du Sacré-Cœur, assise à g. devant une colonne et un trophée vendéen. Au bas : CAROL. X. CHRISTIANISS. REGE. SACRO. OLEO. REMIG. INVICTO ANN. MDCCCXXV. MAI. XXIX. Br. 75%. TB.

319 1827. Liberté de la Presse. Protes au travail. ℟. Buste du roi à g. — Autre. ℟. Le roi à cheval. — Autre. ℟. VIVE LE ROI. Etain. — Ens. 3 p. TB.

320 Buste du roi à dr. ℟. CHAMBRE DES DÉPUTÉS. 1828. Couronne de chêne. Arg. 41%. TB.

321 *Louis-Philippe*. Buste couronné de chêne à g. ℟. CHAMBRE DES DÉPUTÉS. SESSION 1843. Groupe allégorique. Arg. 52%. TB.

322 FRANÇOIS ARAGO. Tête à dr. ℟. A ARAGO LES AUDITEURS DE SON COURS D'ASTRONOMIE 1843. dans une couronne de laurier. Br. argenté. 56%. TB.

323 1844. Prise de Mogador. Buste du prince de Joinville à dr. ℟. Lég. en 12 lignes. Br. 51%. TB.

324 Autre buste du prince. ℟. La flotte française devant Tanger et Mogador. Br. 52%. TB.

325 Visite à Eu. 1843. Etain 52%. — Le Hâvre, 3 août 1830. Br. argenté. 36%. — Collège de Coutances. 1844. Br. 36%. — Ens. 3 p. TB.

326 *République de 1848*. La République assise de face. ℟. TIPE DU SCEAU DE LA RÉPUBLIQUE. Dans le champ : ADOPTÉ POUR LES TIMBRES ET CACHETS DES NOTAIRES. Etain 37%. TB.

327 *Napoléon III*. Tête nue à g. ℟. CORPS LÉGISALATIF — SESSION DE 1856. Dans une couronne : LAFFITE CHARLES LOT-ET-GARONNE. Arg. 50%. TB.

328 Même tête. ℟. PRÉFECTURE DE POLICE. Dans le champ : MR PIETRI PRÉFET dans une couronne de chêne. Arg. 50%. TB.

329 Même tête. ℟. PAS-DE-CALAIS MÉDAILLE D'HONNEUR 1858. — MR CLÉMENT JUGE DE PAIX dans une couronne de laurier. Arg. 50%. TB.

330 1858. Inauguration du chemin de fer de Lyon à Genêve. Locomotive décorée. ℟. POST TENEBRAS LUX. Ecu de Genève. Arg. 48 m/m. TB.

331 1869. Canal de Suez. L'ÉPARGNE FRANÇAISE PRÉPARE LA PAIX DU MONDE. Femme debout devant la Paix assise. ℟. Lég. en 7 lignes. Arg. 41 m/m. Jolie médaille par Roty. TB.

332 *République*. Tête laurée à dr., couverte de la peau de lion. ℟. CHAMBRE DES DÉPUTÉS. — MDCCCLXXVI. Dans une couronne de chêne : LEVÊQUE (CÔTE-D'OR). Arg. 51 m/m. TB.

333 1880. Canal de Panama par Roty. PERCEMENT DE L'ISTHME DE PANAMA. Femme réunissant les deux Océans. ℟. Lég. en 8 lignes. Arg. 34 m/m. TB.

334 La République debout entre deux enfants. ℟. DÉPARTEMENT DE L'EURE. — VACCINATION DE 1897. Couronne de laurier; au centre M. ROBERDEAU, etc. gravé au trait. Arg. 50 m/m. TB.

335 Prix de tir par Roty. Buste cuirassé de la République à g. ℟. Couronne. Vermeil 51 m/m. TB.

336 Union des Sociétés de tir de France par Dupré. ℟. La France montrant la devise HONNEUR ET PATRIE à un enfant armé d'un fusil. Plaquette. Arg. 38/50 m/m. TB.

JETONS

337 **Louis XIII**. *Conseil du roi*. 1617. Cœur couronné au milieu de 7 cœurs enflammés. Arg. TB.

338 **Louis XIV**. *Voyage en Flandre et fortification de Lille*. VTROQVE. IVPITER. 1670. Nuage d'où sortent une pluie d'or et la foudre. Arg. TB.

339 *Receveurs payeurs des rentes*. 1692. Siphon tirant de l'eau d'un puits. Arg. TB.

340 *Conseillers du roi notaires*. 1693. Br. B.

341 *Chambre aux deniers*. 1710. Ruche et essaim. Arg. TB.

342 **Louis XV**. *Trésor royal*. 1734. Jason élevant la toison d'or. Arg. TB.

343 *Marine.* 1758. Kalaïs et Zethès combattant les Harpies. Arg. TB.

344 *Payeurs des rentes.* 1764. La Bonne Foi répandant des monnaies. Arg. TB.

345 *Les Juge et Consuls.* La Justice, les yeux bandés, allant à dr. Arg. TB.

346 *Avocats aux Conseils du roi.* 1751. Quatre aiglons regardant le soleil. Arg. TB.

347 *Substituts au Grand Conseil.* Buste lauré et cuirassé à dr. ℞. REGI CIVIBUS ARIS; dessous, sous une guirlande : SUBSTITUTS AU Gᴰ CONSEIL. 1755. Le tout dans une couronne de chêne. Arg. TB.

348 *Procureurs de la Cour.* La Justice assise à g. Arg. TB.

349 *Agents de change.* 1718. La Prudence debout devant un coffre-fort. Arg. TB.

350 — 1758. La Prudence à g. ouvrant un coffre-fort. Arg. TB.

351 *Conseillers du roi notaires.* 1720 Gnomon. Arg. TB.

352 **Louis XVI.** *Maison du roi.* Buste à dr. ℞. Deux L cursifs formés de branches de lis fleuries entrelacées et sommées d'une couronne. Octog. Arg. TB.

353 *Académie de marine.* 1778. Navire voguant à dr. Arg. TB.

354 *Procureurs au Châtelet.* 1766. Le Char de l'Aurore. Arg. TB.

355 *Syndics généraux.* 1779. Massue entre deux épées en pal. Arg. TB.

356 *Huissiers du roi en sa Cour de Parlement.* Buste à g. ℞. EXPERTUS FIDELEM JUPITER. Aigle à dr. sur un foudre. Arg. TB.

357 *Huissiers à cheval.* 1761. Même buste. ℞. SOLIS INFENSUS INIQUIS. Aigle à g. sur un foudre. Arg. TB.

358 *Conseillers du roi et Notaires.* Gnomon. Arg. TB.

359 *École royale de Chirurgie.* 1775. Façade de l'Ecole. Arg. TB.

360 *Collège de Pharmacie.* 1778. Buste à dr. ℞. IN HIS TRIBUS VERSANTUR. Armes des Pharmaciens dans un cartouche. Arg. TB.

361 *Société royale d'Agriculture.* 1789. Buste à g. ℞. Légende dans une couronne de raisins et d'épis. Arg. TB.

362 *Mort du roi.* 1793. Tête à dr. couronnée d'épines. ℞. Femme pleurant sur une urne. Arg. TB.

363 *Mort de la reine.* 1793. Buste de Marie-Antoinette à g. ℞. Furie debout. Arg. TB.

364 **Paris.** *Administration des eaux.* 1788. Armes de la Ville. ℞. LE DIEU DU FEU DEVIENT LE DIEU DES EAUX. Vulcain. Octog. Arg. TB.

365 *Tribunal de Cassation.* DÉFENSEURS AVOUÉS dans une couronne. ℞. Tables de la Loi dans une couronne (TN. LXXXI, 1). Octog. Arg. TB.

366 *Chambre de Commerce.* 1804. Tête laurée de Napoléon à dr. ℞. Lég. dans une guirlande (TN. I, 4). Octog. Arg. TB.

367 *Préfecture de la Seine.* An XIII. Fleuve et ruche. ℞. Aigle (TN. VIII, 8). Arg. TB.

368 *Avocats aux Conseils.* VIR PROBUS LEGUM PERITUS. Tables de la Loi cernées de lauriers. Octog. Arg. TB.

369 *Caisse d'Escompte.* Femme assise près d'un coffre-fort. ℞. Caducée entre 2 cornes d'abondance. Octog. Arg. TB.

370 *Ecole de Pharmacie.* Tête d'Esculape à g. ℞. ET VIGIL ET PRUDENS. Coq et serpent. Octog. Arg. TB.

371 *Annonces judiciaires.* 1815. Couronne de fruits. ℞. CONCORDIA RES PARVÆ CRESCUNT. Feuilles de papier timbré. Octog. Arg. TB.

372 *Agréés au Tribunal de Commerce.* Tête de Charles X à g. ℞. Code, épée et caducée. Octog. Arg. TB.

373 *Société protestante de prévoyance.* Tête d'Hippocrate à g. Octog. Arg. TB.

374 *Le Droit.* Journal des Tribunaux. 1835. ℞. La Loi assise à g. Octog. Arg. TB.

375 *Mémorial du Commerce et de l'Industrie.* 1837. Main de justice, ancre et caducée en sautoir. Arg. TB.

376 *Société de psychologie physiologique.* Tête casquée de Minerve à dr. Arg. TB.

377 *Agents de change* par Roty. Femme assise sur des coffres-forts et Amour remplissant d'or une cassette. Arg. TB.

378 **Alais.** *Compagnie des produits chimiques.* Trois écussons. Arg. Très beau.

379 **Aire à la Bassée** (Canal d'). Tête de Louis-Philippe. — Autre. Ancre. Octog. Arg. — Ens. 2 p. TB.

380 **Angers.** Buste de Louis-Stanislas-Xavier à g. ℞. CHARLES FELIX CLAVEAU ECUYER MAIRE. 1789. Ecu à ses armes. TB.

381 **Artois.** *Louis XIV.* Parties casuelles. 1655. — Conseil du roi. *Louis XV.* Etats. Cuivre. — Ens. 3 p. TB.

382 **Autun.** *Notaires.* La Justice assise de face. Octog. Arg. TB.

383 **Bordeaux.** *Munificence du Commerce.* 1807. Tête laurée de Napoléon à dr. ℞. Femme assise à g. Octog. Arg. TB.

384 *Notaires.* Buste de Louis XVIII à g. 1814. ℞. La Loi assise à g. Octog. Arg. TB.

385 **Bourgogne.** *Les Etats.* 1780. OPIBVSQVE IVVABO. Olivier. Arg. TB.
386 1725 REGIT ME ET DIRIGIT ORBEM. Cadran solaire. Arg. TB.
387 1779. Buste de Louis XVI à g. ℟. Ecu de Bourgogne. Arg. TB.
388 **Brest.** *Notaires.* Couronne de chêne et de laurier. Arg. TB.
389 **Bretagne.** *Les Etats.* Louis XV. 1732 et 1766. — Louis XVI. 1778 et 1788. Arg. — Ens. 4 p. TB.
390 **Briare** (Canal de). 1742. Armes du duc d'Antin. ℟. Trois fleuves versant leurs urnes. Arg. TB.
391 **Cambrai.** Buste de Louis XVI. ℟. Armes de la ville. Arg. TB.
392 *Notaires.* La Justice debout. ℟. Lég. dans une couronne. Octog. Arg. TB.
393 — Variété. Les lettres plus petites. Octog. Arg. TB.
394 **Chartres.** *Notaires.* Tête de Louis XVI. ℟. Ecu de France. Arg. TB.
395 **Clermont-Ferrand.** *Notaires.* Tête laurée de Napoléon. ℟. Main écrivant sur une table. Octog. Arg. TB.
396 **Dieppe.** *Prieur et Juges-Consuls.* 1758. Tête de Louis XV. ℟. LIBERATIO CELER ET ÆQUA. La Justice assise à g. Arg. TB.
397 **Dijon.** *Guillaume Raviot.* 1772. Armes de Dijon. ℟. REGI ET PATRIÆ FIDELIS. Armes de Raviot. Arg. TB.
398 **Dunkerque.** *Syndicat des Transatlantiques.* Armes de la ville sur un chevalier terminé en poisson. Octog. Arg. TB.
399 **Evreux.** *Notaires.* Tête de Louis XVIII à g. ℟. Ecu de France. Octog. Arg. TB.
400 **Flandre.** *Les Etats.* Tête laurée de Louis XV à dr. ℟. Ecu de la Flandre Wallonne. Octog. Arg. TB.
401 Buste drapé de Louis XVI à g. ℟. Le précédent. Octog. Arg. TB.
402 **Gien.** *Notaires.* Tête de Louis-Philippe. ℟. Balances. Octog. Arg. TB.
403 **Graissessac.** *Cie des 4 mines réunies.* 1864. Mineur assis. Arg. TB.
404 **Le Hâvre.** *Sté d'études diverses.* 1833. Têtes accolées des Delavigne. Arg. TB.
405 **Joigny.** *Notaires.* La Justice assise. Octog. Arg. TB.
406 **Languedoc.** *Les Etats.* 1719. Buste de Louis XV. ℟. Ecu de Toulouse. Arg. TB.
407 1728. Minerve et Mars se donnant la main. Arg. TB.
408 1732. Minerve debout. Arg. TB.
409 1740. ECCE SOLAMEN. La Province assise près d'un lion couché; un enfant soulève son voile et tient l'écu de l'archevêque Berton de Crillon. Arg. TB. Rare.

410 1756. Ecu de Toulouse. TB.
411 1787. Buste de Louis XVI. ℞. Le précédent varié. Arg. TB.
412 **Laon.** *Notaires.* 1829. Tête de Charles X. ℞. Tables de la Loi, lampe antique, etc. Arg. TB.
413 1831. Tête de Louis-Philippe. ℞. Le précédent. Arg. TB.
414 **Lille.** *Les Etats.* Buste couronné de Louis XV à dr. ℞. Statue de Janus sur une base entourée de canons et de drapeaux. Arg. TB.
415 *Chambre de Commerce.* Tête de Louis XV. ℞. Boussole. — Autre. Buste de Louis XVI. Arg. — Ens. 2 p. TB.
416 **Lyon.** *Echevins.* 1769. NOBLE ANDRÉ RAMBAUD, etc. Son écu. ℞. Ecu de Lyon entre le Rhône et la Saône. Arg. TB.
417 *Conseillers du roi notaires.* Ecu tenu par 2 anges. ℞. Gnomon. Arg. TB.
418 *Notaires.* 1805. Ecu de l'Empire sur un lion. ℞. Gnomon. Arg. TB.
419 Autre avec l'écu de la Restauration. [Même date conservée. Arg. TB.
420 *Agents de Change.* 1816. Armes. ℞. Caducée et plume sur des registres. Arg. TB.
421 Variété de gravure, lettres plus petites. Arg. TB.
422 **Mamers.** *Notaires.* Balance et tables sur les rayons prolongés d'une étoile. Octog. Arg. TB.
423 **Le Mans.** *Notaires.* Code surmonté d'un miroir entouré d'un serpent. Octog. Arg. TB.
424 **Melun.** *Notaires.* Tête nue de Louis-Philippe à g. Octog. Arg. TB.
425 **Nancy.** *Chambre de ville.* 1674. Ecu de la ville. ℞. Vue de Nancy. Arg. TB.
426 **Nantes.** *Procureurs.* Tête de Louis XVI. ℞. Ecu entouré d'une cordelière. Arg. TB.
427 **Pithiviers.** *Notaires.* Balance et table de la Loi. Octog. Arg. TB.
428 **Pontoise.** *Notaires.* 1816. Ecu fleurdelisé. ℞. Balance et laurier. Octog. Arg. TB.
429 **Réalmont.** *Caisse d'épargne.* 1879. Ecu cerné de palmes. Octog. Arg. TB.
430 **Rive-de-Gier.** *Cie de l'Union des Mines.* Outils de mineurs. Arg. TB.
431 **La Rochelle.** *Notaires.* Tête de Louis-Philippe couronnée de chêne à dr. ℞. CHAMBRE DES NOTAIRES. etc. Arg. TB.
432 1835. Balance et tables de la Loi. ℞. Le même. Arg. TB.
433 Tête de la République à g. ℞. Le même. Arg. TB.

434 La Justice assise de face. ℟. Lég. en 7 lignes. Octog. Arg. TB.

435 **Rouen**. *Prieur et Juges-Consuls*. 1712. Tête de Louis XIV. ℟. La Justice assise à g. Arg. TB.

436 CH. F. F. DE LVXEMBOVRG. GOVVER. DE NORMANDIE. Ecu à ses armes. ℟. PRÉSENTÉ. PAR. LE. CORPS. DE. VILLE. DE. ROVEN. 1709. Ecu de Rouen. Arg. TB.

437 *Tribunal de Commerce*. 1835. Caducée, ancre et code. Octog. Arg. TB.

438 *Lloyd rouennais*. 1866. Mercure assis à g. Octog. Arg. TB.

439 **Saint-Etienne**. *Chemin de fer*. 1826. Ecus de Lyon et de Saint-Etienne. Arg. TB.

440 **Saint-Omer**. *De Guernonval*. Ecu. ℟. 1715. Saint-Barthélemy. Cuivre. B.

441 *Notaires*. Livre ouvert. Octog. Arg. TB.

442 — Variété. Octog. Arg. TB.

443 **Sedan**. *Notaires*. Livre ouvert. Octog. Arg. TB.

444 **Sens**. *Juge et Consuls*. 1766. Buste de Louis XVI à g. ℟. La Justice à dr. Arg. TB.

445 *Notaires*. Buste de St-Louis à dr. R. Gnomon. Octog. Arg. TB.

446 **Tours**. *Banchereau, maire*, 1771. Tête de Louis XV. ℟. Armes de Tours. Arg. TB.

447 *Notaires*. Armes royales. ℟. Code. Arg. TB.

448 Code. ℟. Balance et lampe antique. Arg. TB.

449 Armes royales. ℟. Mains jointes. Octog. Arg. TB.

450 Armes de Tours (sans chef). ℟. Le précédent. Octog. Arg. TB.

451 **Valenciennes**. *Loge de la Parfaite Union*. Deux femmes se donnant la main. ℟. CONSTANTIA MERUERE LUMEN. Emblêmes. Arg. TB.

452 **Versailles**. *Avoués*. Tables de la Loi posées sur un caducée et un miroir en sautoir, fond rayonnant. Octog. Arg. TB.

453 *Notaires*. Buste de Louis-Philippe de face. Octog. Arg. TB.

454 **Vervins**. *Notaires*. 1836. Tables de la Loi, lampe antique, etc. Octog. Arg. TB.

NUMISMATIQUE — ARCHÉOLOGIE
ART ANCIEN

ÉTIENNE BOURGEY

7, *Rue Drouot (Téléphone 274-64)*

PARIS

Adresse Télégraphique : ETIENBOURG-PARIS.

Achat au comptant, et quelle qu'en soit l'importance, de trouvailles et collections de monnaies anciennes, jetons, médailles, etc.

Achat et vente d'antiquités romaines, gallo-romaines, grecques et égyptiennes, bronzes, statuettes, bijoux, etc.

MM. les amateurs auront intérêt, avant de se défaire de leur collection, à la présenter à M. Étienne BOURGEY, qui fera toujours son possible pour donner un prix supérieur au prix déjà offert par les autres acheteurs.

Rédaction de catalogues, direction de ventes publiques, expertises.

IMPRIMERIE C. CHAUFOUR
8-10, RUE MILTON, PARIS

www.ingramcontent.com/pod-product-compliance
Ingram Content Group UK Ltd.
Pitfield, Milton Keynes, MK11 3LW, UK
UKHW020221180726
13838UKWH00005B/2125